NIVEAU
4

L'inondation

Reine Mimran

Édition : Brigitte Faucard
Illustrations : Claude-Henri Saunier
Enregistrements audio : BÉRYL PRODUCTIONS
Direction artistique audio : Hélène Lamassoure
Conception couverture et mise en page : Christian Blangez

VOIS SUR TON CHEMIN
Paroles de Christophe BARRATIER
Musique de Bruno COULAIS
© 2004 GALATEE Films / PASSERELLE (Cat Hugo-Louis) / LOGLINE Studios
Administrées par SONY/ATV Music Publishing (France)

© 2008, SEJER
ISBN : 978-2-09-031592-9
© 2008, Santillana Educación, S.L.
Torrelaguna, 60 – 28043 Madrid
ISBN : 978-84-96597-56-3

Imagine...

1. Qu'est-ce que le titre *L'inondation* évoque pour toi ?

2. À partir du chapitre 2, dans les titres, apparaissent des notes de musique. À ton avis, pourquoi ?

Que sais-tu sur...

1. ...*les Choristes ?* **Complète le texte avec :** *chorale, difficiles, rééducation, chansons, film.*

Les Choristes (2004) est un ...... français de Christophe Barratier. L'histoire se passe en 1948. Clément Mathieu travaille dans un internat de ...... pour des garçons qui ne sont pas encore majeurs. Pour aider ces enfants ......, il crée une ...... et leur apprend à chanter.

Plusieurs ...... du film sont célèbres : *Vois sur ton chemin...*, *Caresse de l'Océan.*

2. ...**les phénomènes météorologiques ? Relie.**

a. tonnerre ●

b. averse ●

c. orage ●

d. éclair ●

1. Lumière très forte qui apparaît dans le ciel et qui forme une ligne en zigzag.

2. Perturbation atmosphérique violente, caractérisée par des phénomènes électriques et souvent accompagnée de pluie et de vent.

3. Pluie soudaine et très forte.

4. Grand bruit, détonation qui se produit parfois dans le ciel par mauvais temps.

3. ...**les inondations ? Entoure les mots que tu associes à une inondation.**

l'eau – le cinéma – la pluie – une rivière – un train – le courant – une voiture – la plage – le soleil

Présentation

Antoine :
c'est un collégien.
Il aime le chant choral
et le bricolage. C'est le
narrateur de cette histoire.

Toni :
c'est le chef de chœur.
Il emmène la chorale
à Souvèze-la-Romaine.

Les copains d'Antoine : Mathieu, Adrien, Momo :

ils vont à la chorale municipale avec Antoine.

Chapitre 1

Un, deux, go...

L'excitation est grande dans notre classe de quatrième du collège Georges Perec, un des trois collèges de cette petite ville proche de Paris. C'est la fin de l'année scolaire et on sent déjà les vacances ; les cours se passent dans un joyeux désordre. On parle de ses projets de vacances, on organise des forums de lecture : chaque élève apporte un livre qu'il aime et le présente à la classe. On raconte aussi un film qu'on a vu et aimé…

Moi, mon film préféré, c'est *Les Choristes*. Bien sûr, mes copains se moquent un peu de moi. Mais, ça m'est égal. Je l'ai vu et je le revois toujours avec le même plaisir.

Je me suis immédiatement identifié au jeune héros du film et j'ai eu envie d'être comme lui, un chanteur, et puis aussi, bien sûr, une personne célèbre.

À l'école primaire, il y avait une chorale où j'allais un peu par obligation. Le film m'a donné le goût de la musique et j'ai commencé à aimer chanter. Quand je suis

se moquer de (quelqu'un) : rire de lui.
une chorale : groupe de personnes qui se réunissent régulièrement pour chanter.

entré au collège, je me suis inscrit à la chorale et j'ai entraîné mes copains. L'inscription à la chorale est facultative et pourtant, maintenant mes copains et moi, on ne rate jamais les cours de chant.

Nous avons chanté les chansons du film à la chorale. Moi, je les chantais tout le temps. Ma petite sœur se bouchait les oreilles quand j'ouvrais la bouche. Mes parents ont d'abord été fiers d'entendre leur fils chanter comme un rossignol et puis, un jour, mon père a décidé qu'on avait suffisamment entendu *Vois sur ton chemin...* ou *Caresse sur l'Océan* et il m'a ordonné de cesser de les chanter.

Je ne chante plus ces chansons à la maison mais je continue à les fredonner quand je suis tout seul.

✳ ✳ ✳

En ce début du mois de juin, nous préparons le concert de fin d'année, qui aura lieu l'après-midi du 14 juin, au collège. Tous les ans, on marque la fin des cours par une

---

entraîner : ici, convaincre (les copains) de faire quelque chose.

pourtant : cependant.

on ne rate jamais (fam.) : on est toujours présents (aux cours de chant).

se boucher les oreilles : mettre l'index dans chaque oreille pour ne pas entendre.

fier : orgueilleux.

un rossignol : oiseau qui a un chant très harmonieux.

fredonner : chanter à mi-voix, sans ouvrir la bouche.

*Tous les ans, le collège marque la fin des cours par une fête
avec des jeux, une tombola...*

fête avec des jeux, une tombola, et la chorale chante à
cette occasion.

– Un peu de silence, s'il vous plaît !!! Silence !

La voix du professeur de musique arrive enfin à mes
oreilles.

– Antoine, tu dors ? Réveille-toi !

*(Antoine, c'est moi, oui, pardon, je ne me suis pas encore
présenté.)*

– Nous allons répéter ! Pour la fête de fin d'année, le
14 juin, et pour la fête de la musique, le 21 juin, nous
allons reprendre les chansons des *Choristes*.

> **une tombola :** une loterie où le gagnant reçoit un objet et non pas de
> l'argent.
>
> **répéter :** ici, chanter plusieurs fois les chansons pour bien les savoir le
> jour du spectacle, faire des **répétitions**.

Super ! Je vais enfin pouvoir chanter tranquillement et personne ne m'obligera à me taire. J'aurai une bonne excuse : « C'est pour le concert de fin d'année ! »

– Tcht, tcht... on commence : vous partirez à trois. Attention ! Un, deux, *go* !

Certains attendent le « trois » qui ne vient pas, car la prof a dit « *go* » au lieu de « trois » pour voir si tout le monde suit.

Dans une cacophonie insupportable, les uns commencent à chanter, les autres, en retard, essayent de rattraper les premiers, d'autres n'ont pas encore ouvert la bouche, certains chantent fort et faux, enfin, c'est horrible. J'entends derrière moi la voix de Momo qui murmure :

– C'est nul !

La prof fait de grands signes avec ses mains :

– Arrêtez, arrêtez ! Taisez-vous, c'est épouvantable ! On recommence : un, deux, *go* !

Cette fois, c'est mieux ! Et nos voix montent, claires et légères :

---

une cacophonie : dissonance, mélange confus, désagréable de plusieurs voix.

rattraper : ici, se mettre au niveau (des premiers).

chanter faux : chanter d'une manière qui n'est pas juste, qui est désagréable à entendre.

nul (fam.) : sans qualité, mauvais.

épouvantable : horrible, abominable.

– Attention Victor et Marine, vous chantez faux !

> Vois sur ton chemin
> Gamins oubliés **égarés**

Mais la prof n'est pas encore satisfaite.

– Attention Victor et Martine, vous chantez faux ! Vincent et Adrien, vous ne chantez pas ; vous bougez seulement les lèvres. Pierre et Marie, inutile d'ouvrir une bouche grande comme une caverne ! Gardez la bouche ouverte, pour être prêts à chanter à mon signal, mais pas autant !!!

Nous répétons encore une fois et enfin la prof nous laisse partir :

■ égaré : perdu.

– Nous nous revoyons demain, à cinq heures ! Et apprenez les paroles, s'il vous plaît ! Vous les avez oubliées.

Je sors du collège avec Mathieu, Momo et Adrien. Nous sommes quatre bons copains et nous aimons tous les quatre chanter à la chorale.

Nous parlons du concert de fin d'année, de la fête de la musique.

Ce jour-là, nous chanterons dans un jardin public.

C'est très agréable de chanter dehors, d'entendre nos voix monter vers le ciel, de voir les enfants taper dans leurs mains… Le seul problème, c'est le temps. On espère toujours qu'il fera beau, que la pluie ne viendra pas perturber le spectacle comme l'année dernière. Au milieu de la chanson de Brassens *Le parapluie*, une averse brutale a interrompu le concert et a dispersé tout le monde, chanteurs et auditeurs… On a dit que c'était à cause de la chanson, que c'était un salut comique des dieux des nuages et des orages !

---

les paroles (d'une chanson) : texte d'une chanson.

taper dans ses mains : ici, faire du bruit avec les mains en suivant le rythme de la musique.

une averse : pluie soudaine et forte.

un dieu : divinité.

un orage : perturbation atmosphérique violente, caractérisée par des phénomènes électriques et souvent accompagnée de pluie et de vent.

1. Entoure la bonne réponse.

a. Les collégiens de l'histoire sont en *sixième – cinquième – quatrième – troisième.*

b. L'histoire commence en *mars – avril – mai – juin.*

c. Le film préféré du narrateur, c'est Harry Potter et le prisonnier d'Azkaban – Les Choristes – Astérix et Obélix, mission Cléopâtre.

2. Chasse l'intrus.

une chorale – un chœur – un chant – une chanson
un cœur – un choriste

3. Vrai ou faux ?	**V**	**F**
a. Les élèves préparent le concert de Noël.	☐	☐
b. Dès le début, la répétition se passe très bien.	☐	☐
c. Leur professeur est exigeante.	☐	☐
d. Le lendemain, les élèves vont à nouveau répéter.	☐	☐

4. Combien de concerts va donner la chorale du collège ? À quelle(s) occasion(s) ?

....

....

....

Maintenant, on nous appelle Les quatre mousquetaires.

Do, ré, mi, fa, sol, la, si, do... l'été sera beau !

En fait, Mathieu, Momo, Adrien et moi, nous sommes devenus vraiment amis au mois de février dernier. Amis inséparables. Maintenant, on nous appelle *Les quatre mousquetaires*.

En février, la prof de musique du collège nous a inscrits tous les quatre à la chorale municipale, une chorale de jeunes (de 13 à 17 ans) qui est formée par des chanteurs de plusieurs lycées et collèges. Et depuis, nous nous retrouvons tous ensemble le mercredi, de 6 h à 8 h, pour chanter dans cette chorale.

Là, notre répertoire est très varié.

Au début, parfois on se marrait, parfois on râlait ! Nous, on aime le rap, la techno et les chansons des *Choristes*. On n'aimait pas les chansons de la Renaissance

---

se marrer (fam.) : rire, plaisanter.

râler (fam.) : manifester, montrer sa mauvaise humeur.

la Renaissance : période historique qui va du XIVᵉ siècle à la fin du XVIᵉ en Europe.

ou les chansons en allemand, en anglais et aussi en latin. Vous vous imaginez ? Des chansons en latin ! *Ave verum !* Avec nous, ça devenait : *Ave vroum, vroum !* et on riait comme des fous ! Alors, on a décidé de quitter la chorale municipale.

– C'est débile, disait Momo.

Mais notre prof a insisté :

– Attendez un peu, vous verrez, vous vous habituerez.

Elle avait raison. Peu à peu, on a commencé à aimer ces nouvelles chansons, ces paroles étranges, ces mélodies différentes et finalement, on était contents d'aller aux répétitions.

On a de nouveaux amis et puis le prof est super. Enfin, je dis « le prof » , mais ce n'est pas vraiment un prof, c'est le chef de chœur. Notre chorale a un nom !!! *Chœur contre cœur !* Vous comprenez ? C'est un jeu de mots. On prononce de la même façon les deux mots, mais ils ont des sens différents. Le *cœur* bat dans la poitrine, le *chœur* avec un « h » est un groupe de chanteurs.

Voilà, vous savez tout maintenant. Ou presque… Oui, presque, parce qu'il y a du nouveau.

* * *

Un mercredi soir du mois d'avril, quand nous sommes arrivés à la répétition, tout le monde était très agité ;

---

débile (fam.) : stupide, idiot.

une répétition : voir note page 7.

un chef de chœur : le chef de chœur dirige les chanteurs (comme le chef d'orchestre dirige les musiciens).

presque : quasiment.

Un mercredi soir du mois d'avril, à la répétition,
tout le monde était très agité.

certains parlaient fort, d'autres riaient ; d'autres encore, très excités, faisaient de grands gestes avec leurs bras :

– Eh les copains, vous connaissez la nouvelle ? On va cet été à, à… j'ai oublié le nom de la ville.

– On va à Souvèze-la-Romaine.

– Souvèze-la-Romaine ? C'est où ça, en Italie ?

– J'sais pas !

– Mais qu'est-ce qu'on va faire à heu… heu… la-Romaine… ?

– On va chanter !

– Tu es déjà allé à heu… machin…-la-Romaine ?

– Moi non, mais Mathieu a une vieille tante là-bas. Il connaît et il dit que c'est très beau !

– Mais, c'est où ?

– Dans le sud, en Provence.

– Dans le sud, mais alors on pourra se baigner tous les jours !

J'sais pas ! (fam.) : je ne sais pas.

machin (fam.) : quand on ne se souvient pas du nom d'un objet ou d'une personne, on le remplace par *truc* ou *machin*.

– Se baigner ? Il y a seulement une petite rivière. Pour se baigner, ce n'est pas très commode.

– Mathieu dit qu'il y a des ruines romaines, un théâtre antique, des thermes romains.

– Des thermes, qu'est-ce que c'est ?

– Ben, je crois que c'est comme des piscines.

– Super ! On pourra se baigner dans ces thermes !

– Ah, ah, ah ! Dans ces thermes romains en ruines… Ah, ah !

Le rire de Mathieu vexe l'ignorant qui ne sait pas ce que sont les thermes romains.

– Mais est-ce que c'est vrai ? On part vraiment ? Comment vous le savez ?

– C'est quelqu'un qui l'a dit à Manuel qui l'a dit à Ramón qui l'a dit à Solène qui l'a dit à Alice qui nous l'a dit.

– Ah oui ? Alors, ce n'est pas vrai…

Tout à coup, Toni, le chef de chœur, est entré et, peu à peu, le calme est revenu.

Après un moment de silence, Toni nous a dit enfin :

– J'ai une grande nouvelle ! Nous sommes invités à *Hourra ! Chorales, les Rencontres de chants chorals* de Souvèze-la-Romaine.

Tout le monde s'est mis à crier, à applaudir, à sauter de joie.

– C'est vrai ? C'est vrai ? Super ! Génial !

ben (fam.) : eh bien.
vexer : offenser, humilier.

– J'ai une grande nouvelle ! Nous sommes invités à Hourra !
Chorales, les Rencontres de chants chorals *de Souvèze-la-Romaine.*

– Chuuut, écoutez, dit Toni avec un grand sourire.
Elles durent dix jours, mais nous, nous resterons
seulement cinq jours. J'ai besoin de l'accord de vos
parents, car vous n'êtes pas majeurs.

– On aura une tenue ? a demandé Momo.

– Un jean, je pense, et un tee-shirt. Nous avons choisi
notre programme, qui s'appellera : *D'aujourd'hui et d'hier ;
d'ici et de là.* Nous chanterons des chants de toutes les
époques et de tous les lieux ; *la Nuit* de Rameau, des
passages de *l'Enfant et les Sortilèges* de Maurice Ravel, des
gospels, des chansons de Georges Brassens et de Barbara.

Dommage ! nous ne chanterons pas les chansons des
Choristes. Donc, personne, à Souvèze-la-Romaine,
n'entendra *Vois sur ton chemin, gamins oubliés égarés...* Je
suis un peu triste, mais c'est comme ça...

---

une tenue : un costume, des vêtements spéciaux pour l'occasion, plus
ou moins les mêmes pour tout le monde (uniforme).

un gospel : chant religieux des Noirs d'Amérique du Nord.

Dommage ! : c'est triste !

1. Vrai ou faux ?

		V	F
a.	On appelle les amis *Les trois mousquetaires*.	☐	☐
b.	Ils sont inscrits dans une chorale municipale.	☐	☐
c.	La chorale municipale s'appelle : *Chœur contre cœur !*	☐	☐
d.	Ils se retrouvent le samedi pour chanter.	☐	☐
e.	Dans cette chorale, on chante seulement des chansons françaises.	☐	☐
f.	Ils ont tout de suite aimé cette chorale.	☐	☐
g.	Le chef de chœur s'appelle Toni.	☐	☐

2. Réponds aux questions.

a. Comment s'appellent les rencontres de Souvèze-la-Romaine ?
....

b. Comment s'appelle le programme choisi pour ces rencontres ?
....

c. En quoi consiste-t-il ? ....

d. Où se trouve Souvèze-la-Romaine ? ....

e. Combien de temps les jeunes vont-ils rester à Souvèze-la-Romaine ? ....

3. Chasse l'intrus.

À Souvèze-la-Romaine, il y a :

des thermes – un gratte-ciel – un théâtre antique – des ruines romaines

Chapitre 3

Do, ré, mi, fa, sol, la, si, do... Oh ! Oh ! Oh !

Le 14 juin, nous chantons au collège. C'est un triomphe !!! Mais c'est normal... ce sont nos parents qui applaudissent. Est-ce qu'on aura le même succès pour la fête de la musique ?

Le 21 juin, à 15 heures, toute la chorale du collège est dans un grand jardin. Le public est nombreux. Nous commençons à chanter. Tout à coup, on entend des tambours : bang, bang, bang... Est-ce qu'on va s'arrêter pour aller ailleurs, plus loin ?

La prof nous dit :

– On continue. Vous pouvez facilement couvrir le bruit de trois tambours.

Nous chantons de tout notre cœur.

Vois sur ton chemin...

Nos voix sont puissantes et les passants, surpris, s'arrêtent pour nous écouter. Ils crient :

ailleurs : à un autre endroit.

de tout son cœur : de toutes ses forces, avec beaucoup d'émotion.

un passant : personne qui passe à pied dans la rue.

– Bravo, bravo, bis, bis... allez les jeunes, encore une autre !

Le soir, à neuf heures, c'est avec *Chœur contre cœur !* que nous chantons du Bach et du Mozart dans une église. Gros succès.

Nous sommes un peu fatigués mais heureux ! Nous nous sentons prêts à aller devant le public difficile de *Hourra ! Chorales !*

* * *

Une semaine plus tard, nous sommes enfin en vacances. Tout le monde est heureux et moi encore plus, parce que le 4 juillet, c'est mon anniversaire. J'ai invité tous mes copains. Nous sommes une douzaine. Mes parents m'ont donné la boîte à **outils** que je leur demande depuis que je suis tout petit. Elle est magnifique ! Momo l'admire aussi. Comme moi, il adore le bricolage. **Visser**, **dévisser**, fabriquer des objets... c'est notre seconde passion, après le chant.

La fête est sympa. À un moment, Momo qui est allé se laver les mains dans la salle de bains, revient et me dit :

– Tu as vu que le **robinet** du lavabo **fuit** ?

– Oui, je sais, mon père va le réparer.

---

un outil : objet (pelle, scie...) qui sert à faire un travail manuel.

visser/dévisser : *visser*, c'est fixer avec une vis (tige de métal pointue). *J'ai vissé les étagères sur le mur. Dévisser est son contraire.*

un robinet : dispositif qui permet d'ouvrir ou de fermer le passage à l'eau.

fuir : ici, couler goutte à goutte.

*Momo prend une clé à molette et fait tout ce qu'il peut
pour démonter le robinet.*

– On essaye de le réparer avec ta boîte à outils ? me dit-il. Tu as tout ce qu'il faut ! Ce sera une bonne surprise pour tes parents ! Non ?

J'hésite… Mais l'envie d'utiliser ma boîte à outils est trop forte.

Momo, comme un vrai professionnel, annonce :

– Il faut dévisser le robinet et changer le joint.

Il prend une clé à molette et fait tout ce qu'il peut pour démonter le robinet. Avec succès… malheureusement !

En effet, une fois le robinet dévissé, on voit jaillir une colonne d'eau qui, en une seconde, remplit le lavabo et se met à couler dans la salle de bains. Je crie :

– Ferme le robinet, ferme le robinet !

---

hésiter : ne pas se décider (à faire quelque chose).

un joint : pièce en caoutchouc mise pour empêcher l'eau de couler.

une clé à molette : outil qui sert à fixer ou à démonter certaines pièces.

jaillir : sortir brusquement et avec force.

— Je ne peux pas, crie aussi Momo.

Les copains, qui nous ont entendus, arrivent. Aussitôt ils sont tous mouillés. L'eau maintenant coule dans le couloir. On l'éponge avec des serviettes.

Adrien nous demande :

— Vous avez fermé le robinet d'arrivée d'eau avant d'ouvrir le robinet du lavabo ?

— Non !

— Mais vous êtes fous !

Heureusement, le robinet d'arrivée d'eau est sous le lavabo ! Mathieu le ferme. L'eau s'arrête aussitôt. Ouf ! Nous respirons ! Mais la salle de bains et le couloir ressemblent à une mare.

Alors, ensemble, nous poussons l'eau vers la bouche d'évacuation de la douche, nous séchons les murs, les miroirs, tous les endroits où il y a encore de l'eau.

Enfin, nous changeons le joint qui était en mauvais état. Momo avait raison, bravo Momo !!!

Quand mes parents arrivent, ils sont surpris de trouver des ados très calmes, tout propres, les cheveux mouillés et bien peignés !

Ma mère vient nous féliciter :

— Qui a lavé la salle de bains ? Les murs n'ont jamais été aussi brillants !

mouillé : humide, trempé. Contraire de *sec*.

éponger : absorber.

une mare : une petite étendue d'eau peu profonde.

un(e) ado (fam.) : abréviation courante pour un(e) adolescent(e).

C'est le départ !

Nous préférons ne pas nous regarder, nous avons trop peur de rire.

* * *

Après ces exploits et après quelques jours de vacances chez mes grands-parents, dans le nord de la France, le 1ᵉʳ août, je suis de retour. Les rencontres de *Hourra ! Chorales* commencent le 10 août et nous avons juste le temps de revoir le programme.

Nous répétons trois ou quatre heures chaque jour.

* * *

Enfin le grand jour arrive. Il est 5 heures du matin ! Il pleut !

Tous les « choristes » sont là, certains encore un peu endormis, d'autres bien réveillés et très excités, d'autres un peu inquiets.

Nous montons dans le car. Et c'est le départ ! Les parents font de grands signes.

un exploit : prouesse, acte brillant, glorieux.
inquiet : préoccupé.

– Au revoir ! Bon voyage ! Bonne route ! Soyez prudents ! Adrien, n'oublie pas de prendre tes médicaments !

Toni nous a donné notre itinéraire. Nous prendrons d'abord l'autoroute A6 et puis l'A7. Nous ne verrons pas de villes, seulement des panneaux : Beaune, Tournus, Lyon et enfin… Souvèze-la-Romaine.

Le voyage est long. Nous bavardons, nous dormons ou nous chantons.

Mathieu s'est assis à côté d'une jolie fille. Elle a des cheveux bouclés et des yeux bleus… Elle s'appelle Céline et nous sommes tous un peu amoureux d'elle.

Nous voyons des forêts, un fleuve : le Rhône. Le paysage commence à changer. Nous découvrons des vignes, des oliviers, des pins, des champs de lavande ! Il fait de plus en plus chaud. On a enlevé nos pulls.

Le car a quitté l'autoroute. C'est la fin de l'après-midi. C'est aussi la fin du voyage. Les premières maisons de la petite ville apparaissent. Nous traversons un vieux pont au-dessus d'une petite rivière presque à sec et nous arrivons enfin devant le camping où nous logerons pendant notre séjour. Bien sûr, Momo, Mathieu, Adrien et moi sommes dans la même tente. Rien ne séparera la petite bande. Nous sommes le mardi 9 août.

> **Il fait de plus en plus chaud** : la température augmente progressivement.
>
> **à sec** : sans eau.
>
> **loger** : habiter.
>
> **une tente** : abri de toile fixé sur des supports rigides ; dans les campings, il y a des tentes et des caravanes.

1. Le 21 juin. Coche la bonne réponse.

a. Le premier concert a lieu ☐ dans un jardin ☐ au collège.

b. Le concert de *Chœur contre cœur !* a lieu ☐ à la mairie ☐ dans une église.

c. Avec la chorale municipale, les jeunes chantent ☐ des chansons actuelles ☐ du classique.

2. Vrai ou faux ?

	V	F
a. L'anniversaire d'Antoine est le 21 juin.	☐	☐
b. La seconde passion du narrateur, c'est le bricolage.	☐	☐
c. Pendant la fête d'anniversaire, Momo et Antoine décident de réparer le lavabo de la salle de bains.	☐	☐
d. Ils obtiennent immédiatement un excellent résultat.	☐	☐
e. Ils provoquent une inondation.	☐	☐

3. En route vers Souvèze-la-Romaine. Complète les phrases à l'aide du texte.

a. Les rencontres *Hourra ! Chorales* commencent le ......

b. Pour se préparer, les jeunes répètent ...... par jour.

c. Le départ est à ...... du matin.

d. Pendant le voyage, qui est long, les jeunes ......, ... et ......

4. Réponds aux questions.

a. Quel temps fait-il à la fin du voyage ? ....

b. Où vont habiter les collégiens à Souvèze-la-Romaine ? ....

....

c. Quel est le jour et la date de leur arrivée à Souvèze-la-Romaine ?

....

Le théâtre antique peut contenir 6 000 personnes et il est presque plein.

Do, ré, mi, fa, sol, la, si, do... toujours plus haut !

Le mercredi 10 août, nous retrouvons d'autres chorales. Des chorales d'enfants, de collégiens, d'adultes qui viennent de tous les pays du monde.

Le soir, nous devons chanter au théâtre antique. Les jeunes chorales ouvrent les rencontres de *Hourra ! Chorales !*

Nous passons l'après-midi à répéter et, quand arrive l'heure du concert, nous **avons tous le trac**.

Le théâtre antique peut contenir 6 000 personnes et il est presque plein. La nuit est douce, chaude. Nos voix s'élèvent vers le ciel rempli d'étoiles brillantes et c'est, c'est… super, super beau ! Nous chantons comme nous n'avons jamais chanté !

Tout le monde applaudit très, très fort, pendant de longues minutes. Toni est fou de joie :

– Bravo, les enfants, bravo, je suis fier de vous !

Après le concert, nous marchons dans les rues de la petite ville, nous n'avons pas envie de dormir. Nous sommes tellement excités !

▌ **avoir le trac :** avoir peur de se montrer en public. C'est une sensation que ressent très souvent un acteur, un chanteur avant un spectacle.

* * *

Le jeudi 11 août, nous donnons un concert, l'après-midi, dans une vieille église. Il fait très chaud ; la fraîcheur de l'église nous fait du bien. Nous chantons des extraits de *l'Enfant et les Sortilèges* de Maurice Ravel.

Le soir, Toni nous annonce :

– Vous allez avoir une surprise.

– Quoi, quoi, qu'est-ce que c'est ?

– Vous verrez ! Ou plus exactement, vous entendrez !

Au Théâtre antique, les gradins sont pleins. Sur la scène, un petit groupe de chanteurs commence à chanter des chants que tout le monde connaît et tout à coup, sur un signe d'un des chefs de chœur, des milliers de voix jaillissent de tous les gradins et montent ensemble, fortes, puissantes. C'est le chant unanime. Nous sommes d'abord si surpris que nous restons muets. Mais bientôt nous aussi, nous chantons. C'est magnifique ! Quatre à cinq mille personnes qui chantent ensemble ! J'ai la chair de poule. Je regarde mes camarades, ils sont aussi émus que moi. C'est tellement beau ! C'est… c'est… magique ! Je n'oublierai jamais cette soirée.

* * *

les gradins : dans un cirque, dans un stade, les spectateurs s'installent sur les gradins.

muet : ici, incapable de chanter.

avoir la chair de poule : avoir la peau et les poils qui se dressent sous l'effet d'une émotion ou du froid.

ému : perturbé par une grande émotion.

Nous visitons des ruines romaines, mais il fait tellement chaud...

Le vendredi 12 août, nous nous réveillons trempés de sueur. Il fait de plus en plus chaud.

Le ciel est bleu. Pas un nuage à l'horizon. Adrien, qui est fragile, souffre plus que nous de la chaleur. Nous sommes un peu inquiets pour lui.

Nous recherchons la fraîcheur près des fontaines, dans les églises, au bord de la rivière. Mais l'eau de la rivière est basse. On peut presque la traverser à pied.

Nous visitons des ruines romaines, mais il fait tellement chaud que nous n'avons qu'une envie, boire, boire et trouver un peu d'ombre.

– J'en ai assez des ruines, je rêve d'un verre de coca bien frais, dit Momo.

Finalement, sous la tente où on sert les repas, on trouve de l'eau, des boissons bien fraîches.

---

trempé de sueur : mouillé par la sueur (liquide secrété par la transpiration).

en avoir assez de (quelque chose) : être fatigué de (quelque chose).

Le soir, nous sommes de nouveau au théâtre antique où nous écoutons *le Chœur des jeunes* de Barcelone.

Ils sont excellents et nous sympathisons. Certains d'entre nous font de l'espagnol au collège et au lycée, alors on essaie de parler en espagnol avec les jeunes de Barcelone. Ils parlent catalan et un peu français et on se comprend.

Ils sont au même camping que nous. Nous rentrons ensemble. Nous chantons et nous rions jusqu'à minuit.

* * *

Samedi 13 août. Le réveil est bruyant. Un coup de tonnerre secoue toute la tente. Nous sortons. Le ciel est noir. Mais il ne pleut pas.

À 10 heures, nous allons avec nos nouveaux amis espagnols à un atelier de chant.

De temps en temps, on entend le bruit plus ou moins proche du tonnerre, mais rien ne tombe du ciel, pas une seule goutte d'eau. Il fait toujours très chaud.

À midi, nous retrouvons, sur une petite place, des groupes qui chantent, comme ça, pour le plaisir…

Toni et les autres camarades veulent aller sur une colline visiter une église. Nous sommes fatigués.

Momo râle :

— On en a assez de voir des pierres.

— Nous allons rentrer au camping, dit Mathieu. La salle de jeux est climatisée et on pourra faire une partie de ping-pong.

---

bruyant : qui fait du bruit, contraire de *silencieux*.

le tonnerre : grand bruit, détonation qui se produit par mauvais temps.

Nous, nous restons sous la pluie, la tête levée vers le ciel.

Le ciel est de plus en plus noir. Tout à coup, après un éclair éblouissant, un terrible coup de tonnerre fait sursauter tout le monde. Et la pluie commence à tomber. Au début, nous sommes très contents. Un peu de fraîcheur après la chaleur !!! Les adultes se précipitent vers des refuges ; nous, nous restons sous la pluie, la tête levée vers le ciel ; nous rions et courons, heureux de respirer enfin.

Mais il pleut de plus en plus fort. En un instant, nous sommes trempés. Nous marchons dans des flaques énormes. Les rues sont devenues des ruisseaux où l'eau court et grossit.

– Ça me rappelle quelque chose !!! dit Momo avec un sourire.

Nous pensons à notre inondation, le jour de mon anniversaire !

---

un éclair : lumière très forte qui apparaît dans le ciel et qui forme une ligne en zigzag.

éblouissant : ici, qui fait mal aux yeux car il est très fort.

une flaque : petite étendue d'eau sur le sol.

un ruisseau : petite rivière.

COMPRENDRE

1. Complète le résumé du mercredi 10 août avec : *succès, trac, rues, pays.*

Les jeunes rencontrent des chorales de tous les ...... du monde.
Avant le concert, ils ont le ...... mais ils remportent un grand ......
Le soir, ils se promènent dans les ...... de la ville.

2. Jeudi 11 août. Entoure la bonne réponse.

a. L'après-midi, les jeunes donnent un concert *dans la salle de spectacle de la mairie – dans une église.*

b. La surprise annoncée par Toni, c'est : *assister et participer à un chant commun – aller à la discothèque.*

c. Antoine est *déçu – émerveillé.*

3. Vendredi 12 août. Vrai ou faux ?

	V	F
a. Ce jour-là, il fait beau mais un peu frais.	☐	☐
b. Pendant la visite des ruines, les jeunes se plaignent de la soif.	☐	☐
c. Ils deviennent amis avec des jeunes d'une chorale allemande.	☐	☐

4. Samedi 13 août. Complète les phrases.

a. Le matin, les jeunes français et espagnols vont à un ...... de chant.

b. Mathieu propose de rentrer au ...... pour faire des jeux.

c. Les jeunes restent sous la ...... pour respirer.

d. Bientôt, ils sont ...... à cause de la pluie.

5. Relève, dans chaque journée, une phrase qui parle des conditions atmosphériques.

....
....

Do, ré, mi, fa... Que d'eau, que d'eau !

– Vite, au camping ! crie Mathieu.

Nous sommes un petit groupe de huit ou dix collégiens français et espagnols. Il y a bien sûr Momo, Adrien, Mathieu et moi et nos nouveaux amis, Alfonso, Juan, Alvaro et Clareta, une jeune espagnole, mignonne et timide.

Ah, oui, il y a aussi, bien sûr, Céline qui nous suit partout.

Nous arrivons au camping. Nous avançons les pieds dans l'eau.

– C'est bizarre, dit Momo, il n'y a personne. Où sont passés les autres campeurs ?

– On les a sûrement déjà évacués, dit Mathieu.

– Oui, tout le monde est parti, et nous sommes seuls, qu'est-ce qu'on va faire ? demande Adrien qui tremble.

– J'appelle Toni, dit Mathieu.

Que d'eau ! : Quelle quantité d'eau !

mignon(ne) : joli(e), agréable à regarder.

Il prend son portable.

– Oh non, dit-il. Il ne marche pas !

L'eau continue à monter.

Tout à coup, Momo crie :

– Regardez, regardez !

L'eau, qui monte de plus en plus, a inondé les tentes et emporte tout sur son passage. On voit passer des sacs à dos et toutes sortes d'objets : des miroirs, des brosses à dents, des brosses à cheveux. Nous sommes si surpris que ne voyons pas que nous avons de l'eau jusqu'aux chevilles. Nous courons à notre tente pour récupérer nos affaires, mais trop tard. Tout a disparu !

Bientôt, l'eau nous arrive aux mollets. Nous commençons à avoir peur.

Nous essayons d'avancer. Nous traversons le camping complètement inondé maintenant. Nous voulons de nouveau téléphoner à Toni mais en vain ; pas un seul téléphone ne marche.

– J'ai peur, murmure Céline.

– Qu'est-ce qu'on va faire ? dit Adrien.

Il tousse.

Adrien est asthmatique et quand il est ému, quand il a peur, il a des difficultés à respirer et il se met à tousser.

– Je ne sais pas, dit Mathieu, qui est tout pâle.

---

une cheville : articulation située entre le pied et la jambe.

un mollet : partie arrière de la jambe, charnue, entre le pied et le genou.

tousser : faire un bruit avec la gorge quand elle est irritée.

pâle : très blanc.

L'eau nous arrive maintenant aux genoux.

L'eau nous arrive maintenant aux genoux.

Nous avançons sans savoir où nous allons. Nous comprenons tout à coup pourquoi l'eau monte si vite. La petite rivière, qui était presque à sec hier et que nous avons traversée à pied ce matin, est devenue un torrent. L'eau est haute, boueuse, d'une couleur marron sale. Elle transporte avec elle des branches d'arbres.

L'eau monte toujours. Nous avançons difficilement maintenant. Où aller ? Que faire ? La panique commence à nous envahir.

– Nous allons nous noyer, dit Adrien d'une voix faible.

J'essaie de montrer du courage.

boueux(euse) : plein(e), couvert(e) de boue (mélange d'eau et de terre).

envahir : ici, prendre possession de, submerger.

se noyer : mourir asphyxié sous l'eau.

– Mais non, on va s'en sortir. Ne t'inquiète pas.

On se dirige vers la salle à manger du camping. Là aussi, impossible d'entrer. Par la porte ouverte, on voit des tables, des chaises qui flottent sur l'eau.

Nous avons des difficultés à résister à la force de l'eau.

–Accrochons-nous les uns aux autres, propose Alfonso.

Nous nous donnons la main. Cela nous rassure de sentir la main de l'autre et c'est vrai, nous avançons plus facilement.

– J'ai froid, dit Adrien.

Il tousse de plus en plus.

Mon Dieu, qu'est-ce qui va nous arriver ?

Maintenant, nous avons de l'eau jusqu'à la poitrine.

Nous voyons arriver des branches énormes arrachées aux arbres par la force de l'eau. C'est à la fois effrayant et rassurant.

– On va s'accrocher à ces branches, crie Mathieu. On ne peut plus avancer maintenant.

Il a raison. Et chacun essaye d'attraper une branche. On se laisse porter par le courant qui nous emporte de plus en plus vite.

– Vous croyez qu'on pourra résister longtemps comme ça ? demande Momo.

---

s'en sortir : sortir d'une situation difficile, vaincre une difficulté.

s'accrocher : tenir, saisir, prendre avec force pour ne pas tomber.

rassurer : tranquilliser. Rassurant : qui tranquillise, qui calme.

effrayant : qui fait très peur.

— Vous croyez qu'on pourra résister longtemps comme ça ?
demande Momo.

Personne ne peut lui répondre.

Les branches courent à une vitesse folle sur l'eau. Nous devons nous accrocher très fortement.

Il faut trouver autre chose. Ces branches ne sont pas une bonne solution. À un moment ou à un autre, elles vont se casser et s'enfoncer dans l'eau.

Nous nous tenons toujours aux branches. Nous sommes tous paralysés par la peur. Nous ne savons même pas où nous sommes. Autour de nous, il y a seulement de l'eau et quelques arbres.

À ce moment, le courant nous emporte vers un groupe d'arbres assez hauts. Je crie à Momo qui est à côté de moi :

à une vitesse folle : très rapidement, très vite.

– On va essayer de s'accrocher aux arbres !

– Tu crois qu'on va pouvoir ?

Tout ça paraît fou. Derrière les arbres, nous découvrons une maison, enfin… le toit d'une maison, qui apparaît au-dessus de l'eau. C'est peut-être le salut.

Je dis à mes camarades :

– On va lâcher les branches et s'accrocher aux arbres et puis, après, on essaiera de monter sur le toit de la maison.

– D'accord, disent aussitôt les filles et les garçons.

– Chacun va aider l'autre, propose Juan.

Grâce au courant, nous nous retrouvons près de la maison et bientôt nous sommes tous accrochés à la pente du toit. Vive les cours de gym au collège !

Heureusement, les toits de ces maisons ne sont pas trop inclinés.

Nous nous mettons à quatre pattes et nous montons l'un derrière l'autre. Nous arrivons au sommet du toit. Là, nous nous asseyons à califourchon. Enfin nous respirons !

---

le salut : fait d'échapper à la mort, à un danger, être sauvé.

lâcher : ici, abandonner, ne plus tenir.

une pente : surface inclinée.

un sommet : point le plus élevé d'une montagne, d'un toit, d'un arbre…

à califourchon : les jambes de chaque côté d'un cheval ou d'une chaise, d'un tronc d'arbre…

1. Retour au camping. Coche la bonne réponse.

a. Quand les jeunes arrivent, ils trouvent...
   1. tous les campeurs réunis. ☐
   2. le camping vide. ☐

b. Ils constatent que...
   1. L'eau monte de plus en plus. ☐
   2. L'inondation se calme. ☐

c. Face à la situation,...
   1. ils sont très calmes. ☐
   2. ils commencent à avoir vraiment peur. ☐

2. Les parties du corps touchées à mesure que l'eau monte. Complète.

Nous avons de l'eau jusqu'aux chevilles ; l'eau nous arrive aux ......, aux ......, à la ......

3. Vrai ou faux ?   V   F

a. L'eau monte vite car la rivière est devenue un torrent.   ☐ ☐

b. Elle est très claire.   ☐ ☐

c. Elle transporte des tables, des chaises.   ☐ ☐

d. Les jeunes n'ont pas de difficultés à résister
à son courant.   ☐ ☐

4. Mets dans l'ordre les différentes actions des collégiens.

a. Ils montent sur le toit d'une maison.

b. Ils s'accrochent aux branches arrachées des arbres.

c. Ils s'installent à califourchon sur ce refuge.

d. Ils s'accrochent les uns aux autres.

Nous regardons autour de nous.
Les arbres, très hauts, entourent la maison.

Do, ré, mi, fa, sol, la, si... Si... ?

Nous regardons autour de nous. Les arbres, très hauts, entourent la maison et plus loin, on voit seulement une large étendue d'eau.

On entend un **grondement** bizarre. Qu'est-ce que c'est ? Ce n'est pas le tonnerre, la pluie s'est arrêtée. Non, c'est le bruit de l'eau, l'eau qui continue à monter, à rouler et qui emporte avec elle les objets les plus étranges : un canapé, une machine à laver, des livres, un fauteuil...

Céline et Clareta tremblent.

– Je me demande où sont les autres, dit Mathieu. Tu crois qu'ils ont trouvé un refuge ?

– Je pense qu'ils ont échappé à l'inondation. Ils allaient visiter une église sur la colline. L'eau n'est sûrement pas montée jusque-là.

Adrien tousse toujours. Je suis inquiet. Combien de temps allons-nous rester sur ce toit ?

* * *

Un autre grondement attire notre attention. Cette fois, ce n'est pas le bruit de l'eau, cela vient du ciel. Nous

■ **un grondement** : bruit sourd et prolongé.

levons la tête et nous apercevons un hélicoptère qui tourne au-dessus de nous. Nous crions :

– Ohé, ohé, nous sommes là, ne nous laissez pas.

Mais il ne peut pas nous voir, les arbres cachent le toit. Il tourne un moment et puis il s'éloigne.

L'eau continue à monter.

Céline, tout à coup, se met à descendre du toit.

Mathieu crie :

– Mais tu es folle ! Céline ! Où vas-tu ? Qu'est-ce que tu fais ? Reviens !

– Là, là, il y a un petit chat, dans les branches. On ne peut pas le laisser, il va se noyer.

Le chat miaule, il a peur, lui aussi ; il la griffe, mais elle l'attrape par le cou et commence à remonter. Elle glisse. Elle se retient d'une main aux tuiles du toit et ne bouge plus. Alvaro essaie de la rejoindre. Il lui crie :

– Attrape ma main !

Mais ce n'est pas facile. Alors il se tient à mon bras et descend vers elle pour l'aider à remonter. Il la prend par le poignet et la tire vers lui. Ils reviennent enfin auprès de nous.

Nous sommes là tous ensemble et nous attendons.

* * *

miauler : pousser un cri (pour un chat).

griffer : faire mal, blesser légèrement avec ses griffes (ongles pointus du chat).

glisser : se déplacer d'un mouvement continu sur une surface lisse, patiner.

une tuile : plaque de terre qui sert à couvrir un toit.

le poignet : articulation qui unit l'avant-bras et la main.

Alvaro prend Céline par le poignet et la tire vers lui.

Tout à coup, derrière moi, j'entends une petite voix tremblante qui se met à chanter. C'est Clareta qui chante une mélodie catalane.

– Elle est devenue folle ! murmure Mathieu.

Mais Juan se met à chanter lui aussi et puis Alfonso et Alvaro. Quand ils ont fini leur chanson, je commence à chanter moi aussi.

Je chante :
Vois sur ton chemin
Gamins oubliés égarés

Ces paroles banales semblent écrites pour nous.

Nos amis espagnols les connaissent aussi. Ils ont vu le film et ont appris les chansons. Tous, nous nous mettons à chanter de tout notre cœur. Cela nous donne du courage. Nous n'avons plus l'impression d'être seuls.

Une lumière dorée brille sans fin
Tout au bout du chemin

Oui, oui, sûrement, il y aura une lumière pour nous. Quelqu'un viendra à notre secours.

Tout à coup, Mathieu s'arrête.

– Vous avez entendu ?

– Quoi ?

– Un bruit de moteur.

– Tu te trompes, on n'entend rien.

– Mais si, j'en suis sûr, j'ai entendu quelque chose.

À ce moment-là, une voix arrive derrière les branches :

– Il y a quelqu'un par ici ?

Non, nous ne rêvons pas. On vient à notre secours.

– Oui, oui, nous sommes là, sur le toit de la maison. Venez, vite !

Les branches s'écartent et on voit des pompiers dans un bateau pneumatique. Ils ouvrent de grands yeux devant ces adolescents assis à califourchon sur le toit.

– Eh bien, les jeunes, vous avez de la chance. On ne pensait pas qu'il y avait une maison derrière ces branches et on allait passer à côté sans vous voir. Mais on a entendu chanter. On a d'abord cru que c'était une hallucination et puis on a compris qu'il y avait des gens parmi les arbres. Vous pouvez dire que vous l'avez échappé belle. Allez, venez !

Sauvés, nous sommes sauvés !

> **un pompier** : personne qui a pour profession de combattre les incendies et d'intervenir pour sauver des gens en danger.
> **ouvrir de grands yeux** : être extrêmement surpris.
> **l'échapper belle** : éviter de peu un grand danger.

Sauvés, nous sommes sauvés !!!

Les uns après les autres, avec l'aide des pompiers, nous descendons du toit. Nous montons tous dans le bateau, sans oublier le chat.

Les pompiers nous demandent :

– Vous faites partie d'une chorale ?

– Oui, de la chorale *Chœur contre cœur* !

– Et nous du *Chœur des jeunes* de Barcelone.

– Eh bien, il y a des gens qui sont inquiets pour vous et qui vous cherchent.

Sauvés, nous sommes sauvés !!!

Pendant que le bateau avance, et que nous nous tenons serrés les uns contre les autres, très fatigués mais heureux, je me dis que finalement, je les ai chantées à Souvèze-la-Romaine, les chansons des *Choristes*… !

▌ **serrés les uns contre les autres** : placés très près les uns des autres.

1. Entoure la bonne réponse.

a. Les collégiens sont *sur le toit de la maison – dans la maison.*

b. Adrien *va mieux – n'est pas en forme.*

c. Un hélicoptère apparaît et *voit – ne voit pas* les jeunes.

d. Céline descend du toit pour sauver *un petit chat – un oiseau.*

2. L'aventure avec le chat. Mets les phrases dans l'ordre.

a. Céline glisse.

b. Alvaro l'aide à remonter sur le toit.

c. Céline se retient aux tuiles du toit.

d. Elle attrape le chat par le cou et veut remonter.

3. Complète avec : *sauvés, voix, accompagner, mélodie, fort, pompiers.*

Clareta commence à chanter une ...... catalane. Tous les jeunes se mettent à l' ...... Ils chantent de plus en plus ...... Leurs ...... attirent les ...... Ils sont enfin ......

4. Souligne les mots de cet extrait de la chanson des *Choristes* **qui expliquent pourquoi Antoine dit :**
« Ces paroles banales semblent écrites pour nous. »

Vois sur ton chemin

Gamins oubliés égarés

Une lumière dorée brille sans fin

Tout au bout du chemin

Parle...

1. As-tu déjà vu une inondation ? dans la vie ? au cinéma ou à la télévision ?

2. Quelles impressions as-tu eues ?

3. Est-ce que tu aimes les films qui montrent des catastrophes : inondations, avalanches, accidents d'avion... ? Peux-tu en donner des exemples ?

4. Quel type de musique est-ce que tu aimes ?

5. Est-ce que tu chantes dans une chorale ?

6. Est-ce que tu joues d'un instrument de musique ? Lequel ?

Imagine...

1. Il y a une inondation dans ta ville, dans ton quartier : comment réagis-tu ? Quels sont tes sentiments ?

2. Tu es pompier sauveteur : qu'est-ce que tu fais pendant une inondation ?

Donne ton opinion...

1. Que penses-tu de l'attitude des jeunes pendant l'inondation ? À ton avis, ils ont fait ce qu'ils devaient faire ?

2. Que penses-tu des rencontres internationales entre jeunes, comme celle de *Hourra ! Chorales* ?

CORRIGÉS

page 3
Que sais-tu sur ?
1. film - rééducation - difficiles - chorale - chansons
2. a. 4 b. 3 c. 2 d. 1
3. l'eau - la pluie - une rivière - le courant

page 11
1. a. quatrième b. juin c. *Les Choristes*
2. un cœur
3. a. faux b. faux c. vrai d. vrai
4. 2 / Un pour la fête de fin d'année, au collège. Un autre pour la fête de la musique, dans un jardin.

page 18
1. a. faux b. vrai c. vrai d. vrai e. faux f. faux g. vrai
2. a. *Hourra ! Chorales.* b. *D'aujourd'hui et d'hier ; d'ici et de là.* c. Il y aura des chansons de toutes les époques et de tous les lieux. d. Dans le sud, en Provence. e. Cinq jours.
3. un gratte-ciel

page 25
1. a. dans un jardin b. dans une église c. du classique
2. a. faux b. vrai c. vrai d. faux e. vrai
3. a. 10 août b. trois ou quatre heures c. 5 h d. bavardent - dorment - chantent
4. a. Il fait très chaud. b. Dans un camping. c. Mardi 9 août.

page 32
1. pays - trac - succès - rues
2. a. dans une église b. assister et participer à un chant commun c. émerveillé
3. a. faux b. vrai c. faux
4. a. atelier b. camping c. pluie d. mouillés
5. La nuit est douce, chaude. - Il fait très chaud. - Il fait de plus en plus chaud. - Et la pluie commence à tomber.

page 39
1. a. 2 b. 1 c. 2
2. mollets - genoux - poitrine
3. a. vrai b. faux c. vrai d. faux
4. d - b - a - c

page 46
1. a. sur le toit de la maison b. n'est pas en forme c. ne voit pas d. un petit chat
2. d - a - c - b
3. mélodie - accompagner - fort - voix - pompiers - sauvés
4. *Gamins oubliés égarés - une lumière brille*

N° d'éditeur : 10186451 - Mars 2012
Imprimé en France par France Quercy - N° d'imprimeur : 20329A